This Activity Book
Belongs To

_____

Happy Hanukkah

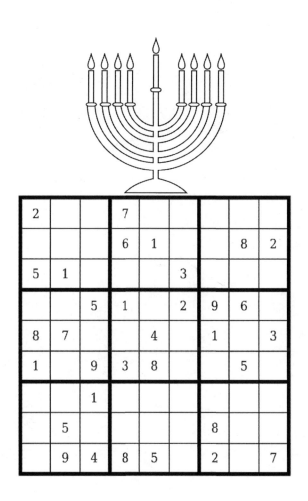

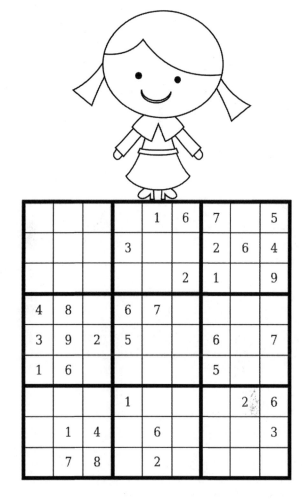

Top-left puzzle

2			7					
			6	1			8	2
5	1				3			
		5	1		2	9	6	
8	7			4		1		3
1		9	3	8			5	
		1						
	5					8		
	9	4	8	5		2		7

Top-right puzzle

				1	6	7		5
			3			2	6	4
				2		1		9
4	8		6	7				
3	9	2	5			6		7
1	6					5		
			1				2	6
	1	4		6				3
	7	8		2				

Bottom-left puzzle

7	2	9						
		5	2				9	
3				6	9			2
					1			
2	7	1				9	4	
6				2			7	
			3	8			5	
	5			7	6	8	3	1

Bottom-right puzzle

		5	1	8		6		
				3				
	6	2	7			4		3
1			2	6		7	9	4
					3			
		8				2	3	5
2								
				7				
5	3	4	9					2

```
W  S  E  E  A  I  S  H  A  M  A  S  H  L  R  T  B  C  J  T  A
Y  C  A  I  Q  Z  C  A  C  E  J  I  Y  V  G  L  A  T  K  E  S
D  S  S  U  F  G  A  N  I  Y  O  T  Y  X  R  K  W  R  H  N  A
W  E  X  Y  E  Y  E  X  P  J  V  S  S  U  V  B  A  H  S  A  H
J  V  J  I  A  J  B  U  H  E  S  C  H  M  O  O  Z  E  K  N  V
U  I  E  D  M  F  U  Q  A  W  Q  K  C  Z  O  G  E  L  T  C  H
D  V  R  D  C  N  Q  J  N  I  V  Q  D  Z  M  V  P  T  Q  B  M
A  O  U  I  U  O  A  W  U  S  U  S  H  A  L  O  M  K  C  T  C
I  N  S  S  C  S  N  A  K  H  J  F  Y  Y  Q  B  L  Y  X  H  M
S  Z  A  H  S  H  M  K  K  F  C  F  A  M  I  L  Y  B  K  M  P
M  F  L  L  Z  B  T  K  A  C  A  N  D  L  E  S  X  U  H  W  N
G  Y  E  H  U  D  I  T  H  S  Q  P  C  B  A  N  D  B  A  K  K
P  G  M  C  N  Z  S  I  N  G  I  N  G  H  L  U  A  B  N  R  A
R  N  Q  U  L  T  N  Z  J  G  G  T  P  A  Y  N  V  E  U  V  O
P  R  A  Y  E  R  S  R  B  R  D  U  C  L  Q  X  E  U  K  C  U
F  N  K  I  S  H  I  K  S  A  R  B  Y  L  Y  M  N  D  K  F  R
C  I  J  F  M  A  C  C  A  B  E  E  S  E  V  D  L  S  I  J  Q
H  Z  C  E  L  E  B  R  A  T  I  O  N  L  O  Q  J  R  Y  M  B
L  W  B  O  E  E  K  P  R  K  D  O  V  M  L  V  R  J  A  B  C
P  S  A  B  B  A  T  H  K  L  E  Q  A  G  Q  D  S  G  H  F  M
D  U  Q  E  T  L  P  T  N  H  L  O  T  Q  F  R  I  E  N  D  S
```

SINGING, FRIENDS, HANUKKIYAH, SEVIVON, SCHMOOZE, YIDDISH, SHALOM, MACCABEES, DREIDEL, CELEBRATION, PRAYERS, SUFGANIYOT, HANUKKAH, SHAMASH, CANDLES, LATKES, FAMILY, YEHUDIT, DAVEN, NOSH, SABBATH, JUDAISM, BUBBE, HALLEL, JEWISH, SHIKSA, JERUSALEM, GELT

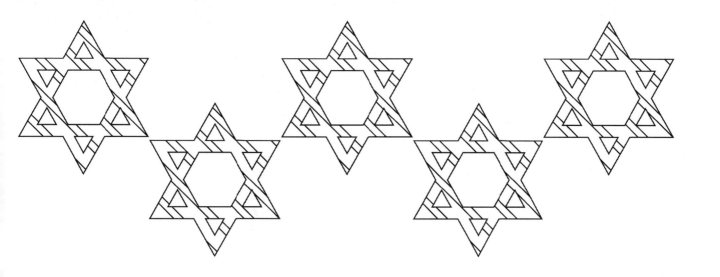

Happy Hanukkah

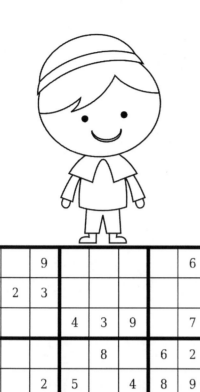

Puzzle 1

		9				6		
7	2	3						9
1			4	3	9		7	8
				8		6	2	
		2	5		4	8	9	1
	9	8	2					5
9	6	5			7		1	2
3				2	9			
			3			4	8	6

Puzzle 2

				2	9			
3			5					
7	5	2						
2	3			6			8	4
1	4		2	5				9
8		6	7					1
4			1			9		
							1	
	6		8	7	4			2

Puzzle 3

6	7			3		4		
		5			6	9		
			5	4	1			3
		7		5		3		9
3	5	6					4	8
9				2				
			4		3	1	6	
1		4	8	6		5	3	
		3	2		5			

Puzzle 4

1		9		2				
	2	8				3		
	3		6	1		2		
5	7	1						
			3	9			7	
9		3	1		7	4		
								8
8	4	6	9	3			1	
			4		1	6		

Capital Cities Of The World

```
E  Q  B  Z  O  D  F  Z  O  F  G  F  D  Z  I  V  C  N  X  I
X  J  K  Z  T  U  Q  O  F  V  X  T  Q  X  M  O  S  C  O  W
U  D  S  A  O  B  T  L  Q  E  O  K  R  V  T  O  K  Y  O  X
J  I  H  U  U  L  E  Q  C  K  M  Q  X  A  P  L  T  P  R  R
F  T  E  D  X  I  M  B  Y  J  O  B  J  J  K  R  A  G  E  O
D  U  L  F  A  N  U  A  N  K  A  R  A  N  L  L  J  A  A  M
B  C  S  N  U  V  R  R  C  D  R  M  A  D  R  I  D  F  T  E
B  H  I  F  Q  R  V  B  E  T  Y  Z  V  P  A  R  I  S  H  C
I  Q  N  S  D  W  V  F  T  Q  W  U  H  K  E  Y  E  M  E  H
O  H  K  V  E  J  G  Q  R  C  I  I  Y  C  A  I  R  O  N  P
B  S  I  H  L  F  E  B  O  B  U  D  A  P  E  S  T  W  S  B
G  X  B  W  H  U  W  E  C  X  I  S  C  R  H  U  C  A  B  C
Z  L  N  G  I  T  M  I  A  B  O  T  A  U  H  L  S  S  D  L
Q  K  W  I  K  H  Y  J  N  R  M  O  P  L  A  O  P  H  N  J
B  U  H  W  I  Q  V  I  B  U  D  C  E  S  S  N  Y  I  Z  K
I  N  L  I  S  B  O  N  E  S  X  K  T  A  M  D  R  N  V  O
A  Y  S  J  D  S  W  G  R  S  S  H  O  R  B  O  H  G  Z  U
K  I  L  Q  D  Z  L  A  R  E  K  O  W  P  D  N  V  T  M  D
C  A  J  C  F  S  J  D  A  L  P  L  N  C  P  W  E  O  J  S
B  V  A  S  Q  J  W  K  Q  S  K  M  T  C  S  Q  K  N  H  E
```

CAPETOWN, HELSINKI, CAIRO, MADRID, BUDAPEST, ANKARA, LONDON, DUBLIN, STOCKHOLM, MOSCOW, TOKYO, WASHINGTON, LISBON, CANBERRA, BEIJING, ATHENS, BRUSSELS, DELHI, PARIS, ROME

Animals Of The World

```
K  S  M  R  M  J  U  D  P  A  L  E  G  L  G  U  T  M  M
X  P  J  R  E  Q  B  D  Z  M  Y  U  V  A  J  B  J  H  I
D  T  M  F  Q  Y  W  A  P  E  N  G  U  I  N  Y  X  C  J
M  R  E  E  B  K  D  W  O  P  J  B  E  A  R  D  J  C  S
L  J  T  Q  T  W  B  H  Y  O  L  H  S  P  P  F  C  Q  I
R  Y  Q  E  L  E  P  H  A  N  T  H  W  T  A  M  R  L  C
R  A  O  L  Y  E  V  G  T  M  K  Z  O  B  R  C  O  Z  Z
H  A  M  S  T  E  R  D  T  R  F  L  L  N  R  Q  C  L  J
F  E  K  N  H  B  Z  J  Q  A  T  A  F  H  O  K  O  R  T
W  T  Z  R  Q  F  G  S  N  A  K  E  K  I  T  Y  D  L  J
K  N  L  L  A  H  Q  X  A  T  I  J  N  P  Z  B  I  E  I
S  F  L  A  M  I  N  G  O  I  O  M  Q  P  M  L  L  O  C
Y  U  Y  D  O  G  D  C  D  G  N  R  E  O  T  L  E  P  F
O  C  A  T  J  N  T  A  F  E  L  C  O  S  X  E  M  A  Z
L  I  Z  A  R  D  X  M  B  R  X  L  L  V  X  N  I  R  M
A  G  Q  N  F  K  W  E  Q  E  A  G  L  E  F  O  H  D  T
K  M  M  X  Q  N  F  L  K  R  R  H  I  N  O  H  G  N  P
Z  Y  V  B  F  Y  M  A  G  I  R  A  F  F  E  U  P  M  K
S  E  U  I  B  B  M  N  H  G  L  I  O  N  G  V  R  G  Z
```

WOLF, PENGUIN, DOG, TIGER, LIZARD, ELEPHANT, LEOPARD, SNAKE, LION,
PARROT, CAT, HAMSTER, RHINO, GIRAFFE, BEAR, EAGLE, CROCODILE, HIPPO,
FLAMINGO, CAMEL

Puzzle 1

8		9		1				2
7		5	9				8	3
2			8	3	7	5		
1			4	7				9
4			3			2	1	
	8							
		8		9	3			6
3	6				1	9	5	7
9	7	1			5	3		

Puzzle 2

	6			8	7	9		3
1	8	4			6			
3	7							
	9			5			6	
2							8	
4			1			7	2	
8		5	7					
		7	1	3				4
	1			2		8	7	

Puzzle 3

				4		9		
5		6	3	7				2
			6	2	7			
	8	4	1				2	7
	5	7	3			8		
9								6
4				2		9		
				1			6	8
			4		9	2		1

Puzzle 4

9								5
				4		3	1	8
6			5		1		2	
		1	6	9	7		4	
7				8	5		6	
	4		7			8	5	1
		7		5			3	
	2	5	8		4		9	

Made in the USA
Columbia, SC
28 October 2021